NOUVELLES OBSERVATIONS

POUR le Duc de Chevreuse.

CONTRE M. le Préſident DE SAINT-MICHEL.

Monsieur de Saint-Michel ne ſoutient plus que par honneur ſon ſyſtême de Pairie & d'Apanage, & il paroît mettre toute ſa reſſource dans la clauſe de retour inſérée dans l'acte de 1439.

Les différens moyens qu'on a raſſemblés ſur cette ſeconde queſtion dans le Mémoire de M. le Duc de Chevreuſe, ont dû porter la conviction dans tous les eſprits. Mais pour ne laiſſer rien à deſirer, on va répondre aux nouvelles objections qui ont été propoſées à la derniere Audience par M. de Saint-Michel.

Iº.

Objections ſur la révocation des clauſes de RETOUR & d'INALIENABILITÉ réſultante des actes poſtérieurs au don de 1439.

M. de Saint-Michel ſoutient que l'acte de 1439

A

n'a reçu aucun changement, aucune atteinte par les actes poſtérieurs, & que toutes les conditions qui y avoient été appoſées ont ſubſiſté ſans aucune altération. Pour le prouver il allegue d'abord que toute novation doit être expreſſe, ſuivant la loi derniere au code *de novationibus*.

C'eſt peut-être pour la premiere fois qu'on a parlé de novation en matiere de donation ; mais il ſuffira d'oppoſer à M. de Saint-Michel le témoignage du célebre Potier dans ſon traité *des Obligations*, tome II, page 91.

« Nous ne nous ſommes pas attachés dans notre » juriſprudence d'une maniere tellement littérale à cette » loi, qu'il faille toujours déclarer en termes précis & » formels qu'on entend faire novation ; il ſuffit que, » de quelque maniere que ce ſoit, la volonté de faire » novation paroiſſe ſi évidente qu'elle ne puiſſe être » révoquée en doute. C'eſt ce qu'établit Dargentré ſur » l'article 273 de l'ancienne Coutume de Bretagne ».

M. de Saint-Michel eſſaie enſuite de prouver qu'on n'a voulu ni faire *novation*, ni révoquer les clauſes de *retour* & *d'inaliénabilité* ; & il cite, pour le prouver, ces expreſſions de l'acte de 1441.

Et pour ce que voulons & deſirons icelui notre don (de 1439) ainſi par nous fait à notredit frere avoir & ſortir ſon plein effet & vertu, ſans jamais diminuer ou retrancher en aucune maniere ne pour quelconque cauſe que ce ſoit, Nous icelui don, la poſſeſſion & ſaiſine, & auſſi le douaire par lui promis & accordé de notre conſentement à notre très-chere & amée ſœur Marie d'Harcourt ſa femme, louons, agréons, ratifions & approuvons, &c.

Il eſt, on l'oſe dire, inconcevable, que M. de Saint-Michel prétende induire de cette clauſe, que Charles d'Orléans ait voulu laiſſer ſubſiſter la clauſe de réverſion & la défenſe d'aliéner.

Il y avoit deux choſes dans le don de 1439 ; le don du Comté de Dunois, & la réverſion jointe à des défenſes d'aliéner. Charles d'Orléans, en 1441, n'a pas ſans doute voulu révoquer le don ; il vouloit ſi peu le révoquer qu'il a fait un nouveau don de toutes les mêmes Terres compriſes dans l'acte de 1439. Il n'eſt donc pas étonnant qu'il ait *confirmé, agréé & ratifié ce don* ; mais a-t-il *confirmé & ratifié* la réverſion & la charge d'aliéner? Il eſt d'abord certain que la clauſe ci-deſſus n'en dit rien ; elle ne parle que du *don*, & non de ſes charges : ce n'eſt pas même l'acte de 1439 qui eſt approuvé & ratifié, c'eſt *le don par nous fait à notredit frere* ; ce *don* eſt la ſeule choſe que Charles d'Orléans *loue, agrée, ratifie, confirme.*

Mais il eſt de plus démontré par les clauſes qui ſuivent dans l'acte de 1441, qu'on a voulu, pour nous ſervir du langage de M. de Saint-Michel, faire *novation* quant à la clauſe de *réverſion & d'inaliénabilité.*

1°. Cela réſulte de ce que Charles d'Orléans, malgré la ratification du don de 1439, a voulu faire un titre nouveau à ſon frere : *Avons de NOUVEL & de notre PLUS AMPLE grace & pour plus grande ſûreté, donné.* Voilà la *novation* ſtipulée en termes formels, & cette novation ne peut être appliquée qu'aux charges de *retour & d'inaliénabilité* ; car il n'y a rien de *nouveau* dans l'acte de 1441 quant au don, quant à la matiere du don. Toutes ces expreſſions de *don nouvel*, de *grace*

4

plus ample, de *fûreté plus grande*, ne font, comme on l'a déjà dit, que des mots vuides de fens, fi l'on ne reconnoît pas qu'elles ont été employées pour faire ceffer le *retour* & *l'inaliénabilité*. Difons mieux, l'acte entier de 1441 feroit un acte dérifoire, puifqu'il ne feroit, dans le fyftême de M. de Saint-Michel, qu'une inutile répétition de l'acte de 1439.

2°. La *novation* eft encore prouvée, en ce que l'acte de 1441 contient un don incompatible avec le *retour* & *l'inaliénabilité*; Charles d'Orléans y donne *à toujours, irrévocablement & perpétuellement*, & il promet garantir ce don à fon frere, à fes hoirs & ayans caufe. La feule comparaifon de ces expreffions avec celles du don de 1439 ne permet pas de douter que Charles d'Orléans n'ait voulu faire ceffer les claufes qui grévoient la propriété de fon frere & de fes enfans; & la démonftration s'acheve quand on voit que tout ce qui étoit dans le don de 1439, eft répété dans celui de 1441, à l'exception des deux charges de retour & d'inaliénabilité.

Tout cela, dit M. de Saint-Michel, ne fignifie rien, *& eft peu intéreffant*. Les claufes non répétées doivent être *fous-entendues*. Et quant à ces mots, *avons de nouvel, de notre plus ample grace, & pour plus grande fûreté, donné à toujours-mais, irrévocablement & perpétuellement*, ils n'ont été mis dans l'acte de 1441, que pour raffurer le donataire fur *l'inconftance* que le donateur avoit montrée dans les autres dons qu'il avoit faits précédemment à fon frere.

Que les claufes de l'acte de 1439 doivent être *fous-entendues* dans celui de 1441 & dans tous les autres actes qui ont fuivi ; c'eft ce que M. de Saint-Michel ne perfuadera à perfonne. Charles d'Orléans, faifant un *acte nouveau*, un *don nouvel*, & n'ayant confirmé que le *don* de 1439, fans parler des charges, n'auroit pas manqué de répéter ces charges, fi fon intention eût été que fon donataire en demeurât grêvé. Il a répété la claufe du reffort & de mouvance. Il auroit répété de même celle du retour & de l'inaliénabilité, s'il avoit voulu les conferver. On ne *fous-entend* point des conditions qui étoient fi importantes pour le donateur, fi onéreufes au donataire, fur-tout dans un acte qu'on qualifie de don *nouvel*, & qui ne feroit plus don *nouvel*, s'il ne différoit en rien du premier qui avoit été fait.

M. de Saint-Michel s'égare encore davantage dans le motif qu'il veut donner à ce *don nouvel* ; & *l'inconftance* qu'il attribue au Donateur, eft de fa pure imagination.

Charles d'Orléans avoit donné d'abord à fon frere le Comté de Porcien ; il le reprit pour lui donner le Comté de Périgord, & les Châtellenies de Millancey & de Romorantin. Enfin il reprit ces deux Châtellenies pour lui donner le Comté de Dunois. Ce ne fut pas *inconftance :* ce fut à la priere du Bâtard ; les actes mêmes le portent : *inclinant à la fupplication de notre frere, &c.* Auffi remarque-t-on, que tous ces changemens n'avoient pour objet, que de gratifier *plus amplement* le Bâtard. Voilà ce que M. de Saint-Michel appelle une *inconftance* du Donateur.

Mais, ajoute M. de Saint-Michel, mon interprétation eft d'autant plus préférable à la vôtre, *qu'elle tend à conferver l'acte de 1439, au lieu que l'interprétation de M. le Duc de Chevreufe le rend abfolument inutile.*

M. de Saint-Michel n'a pas pris garde qu'il nous four-
nissoit, par cette objection, l'argument le plus victorieux.
Car à force de faire valoir l'acte de 1439, & toutes
les clauses qu'il contient, il rend absolument
inutile l'acte de 1441, & il tombe lui-même dans
l'inconvénient qu'il nous reproche. Il tombe même
dans un bien plus grand inconvénient : car si des
deux actes de 1439 & de 1441, il en est un qui
mérite davantage de n'être pas rendu inutile, c'est
constamment l'acte de 1441, comme postérieur,
comme contenant un *don nouvel*, comme attachant de
plus amples graces aux nouveaux services du Bâtard.

Mais ni l'un ni l'autre de ces actes n'est inutile.
Le premier a été confirmé dans le *don* qu'il conferroit.
Le second, en réitérant ce *don*, l'a dégagé des charges
dont le premier l'avoit grevé. Tout ce qu'a pu dire
M. Marion dans un plaidoyer, dans lequel il faisoit
les fonctions de Défenseur de M. le Duc de Nemours,
ne peut obscurcir des vérités si claires.

Plusieurs autres actes ont suivi celui de 1441, & ont
encore ajouté au don qu'il renferme : & dans tous ces
actes, c'est *à toujours-mais*, c'est *irrévocablement &
perpétuellement*, c'est à *héritage* que Charles donne
à son frere ; il n'en est pas un seul qui rappelle la charge
de retour, ni la défense d'aliéner ; pas un seul qui se
réfere au don de 1439. Celui de 1445, qui contient
le don de *Jean d'Angoulême*, confirme *les Lettres de
don de* 1441, & nullement celles de 1439. C'est vouloir se refuser à l'évidence, que de méconnoître la
révocation tacite, mais nécessaire, que Charles d'Orléans a faite des charges de retour & d'inaliénabilité
qu'il avoit imposées à son frere par le don de 1439.

Enfin on a vu que la Châtellenie de *Fretteval* & celle de la Ferté-Villeneuil furent aliénées en 1487 & 1490 , par François I. fils du Bâtard d'Orléans. Louis XII, fils de Charles , Donateur , vivoit alors, & il vit ces aliénations fans fe plaindre, fans demander le *retour*, fans réclamer la *commife* à laquelle l'aliénation auroit dû donner lieu , fi l'on avoit pu la regarder comme faite au préjudice de la défenfe d'aliéner. Ces deux aliénations emportoient cependant plus du tiers du Comté de Dunois. Mais on étoit alors perfuadé, comme on l'a toujours été depuis, que les claufes de *retour & d'inaliénabilité* ne fubfiftoient plus. Il étoit réfervé à M. de *Saint-Michel* de combattre ce vœu, cette opinion des Maifons d'Orléans & de Longueville, & de contefter à la Ducheffe de Nemours le pouvoir de donner un bien dont fes auteurs avoient toujours eu la libre difpofition, même au vu & au fçu des defcendans du Donateur.

I I°.

OBJECTIONS fur la caducité du retour.

Nous avons dit que deux caufes de caducité fe trouveroient dans le retour ftipulé , s'il étoit poffible de penfer que ce retour n'eût pas été révoqué par l'acte de 1441 , & par les actes poftérieurs.

1°. Le retour n'a été ordonné par le Donateur, qu'*au cas que le Bâtard & fes hoirs iront de vie à trépaffement fans enfans de leur chair procréés en loyal mariage.*

2°. Le retour n'eft ftipulé que pour *le Donateur & fes hoirs.*

Or le Bâtard & ſes hoirs *n'ont pas été de vie à tre-paſſement ſans enfans de leur chair.* Premiere cauſe de caducité.

Et lorſque la deſcendance maſculine du Bâtard a finie, il n'exiſtoit aucun deſcendant mâle du donateur. Seconde cauſe de caducité.

Voilà en deux mots ce que nous avons oppoſé à M. de Saint-Michel.

La premiere cauſe de caducité ne lui a pas paru mé-riter de réponſe. Le retour, a-t-il dit, eſt ſtipulé en quelque temps que la deſcendance maſculine du Bâ-tard vînt à s'éteindre.

Il ne ſeroit pas juſte de ſe plaindre de cette maniere de répondre de M. de Saint-Michel, & l'on ne peut pas exiger de lui qu'il avoue ſa défaite. Mais quoiqu'il nous abandonne ici le champ de bataille, pourſuivons-le juſques dans ſa défaite, & joignons le poids de l'au-rorité à celui de la raiſon.

Paſcal maria ſa ſœur en 1664 à *François Savarron*, & lui donna 2000 livres, à charge de *réverſion à lui & aux ſiens en cas qu'elle décédât ſans enfans.* La do-nataire meurt laiſſant un fils; ce fils meurt peu de tems après, & le donateur demande la réverſion. Arrêt le 26 Août 1682, par lequel il eſt jugé que la réver-ſion n'a pas lieu *; il fut jugé, dit l'Arrêtiſte, que *le retour devoit être étroitement renfermé dans ſes termes.*

Cet exemple reçoit ici une application parfaite. Charles d'Orléans n'a ſtipulé le retour que dans un cas; il faut donc *renfermer la ſtipulation dans ſes termes*; ce cas eſt celui où *Jean & ſes enfans mâles décederoient ſans enfans.* Mais Jean & ſes enfans mâles

* Journal du Palais.

en

ne font pas décédés fans enfans : donc le retour eft caduc.

Le Préfident de Saint-Michel s'eft vengé de ne pouvoir répondre à ce premier moyen , en prenant fur le fecond le ton le plus décidé.

Il a foutenu qu'en principe, & d'après l'autorité précife d'un Arrêt du 17 Février dernier, le retour ftipulé au profit du Donateur, produit un droit, une action qui eft *in bonis* du Donateur, & qui fe tranfmet, avec fa fucceffion, à fes héritiers ou ayans caufe.

Charles d'Orléans, a-t-il ajouté, a donc laiffé le droit de retour dans fa fucceffion. Ce droit a paffé à Louis XII, qui l'a porté au Trône , & c'eft le Trône qui eft aujourd'hui faifi de ce retour.

D'ailleurs, continue M. de Saint-Michel, Louis XIV étoit parent collatéral de Charles d'Orléans, & parent lignager plus proche ; par conféquent à l'ouverture du droit de retour, qui s'eft faite en 1694 par le décès de M. l'Abbé d'Orléans, Louis XIV auroit encore recueilli ce droit, & il l'auroit réuni & incorporé à la Couronne.

Enfin , au défaut de Louis XII. & de Louis XIV, M. de Saint-Michel prétend que le Roi , comme defcendant par les filles de *Jean d'Orléans*, auroit droit de recueillir le Comté de Dunois.

Ce n'eft pas affûrément pour éclaircir la queftion que M. de Saint-Michel a propofé de pareils raifonnemens & des idées fi contradictoires ; mais il a beau faire. Nous débrouillerons ce cahos, & notre argument reparoîtra dans fa premiere clarté.

D'abord , nous n'avons jamais contefté que le re-

B

tour ne paſſe aux héritiers du Donateur, lorſqu'il paroît par les circonſtances qu'il a voulu les y appeller. Mais nous avons ſoutenu que la *ligne* de Charles d'Orléans étant abſolument éteinte au décès de M. l'Abbé d'Orléans, il ne s'étoit trouvé en 1694 aucun *hoir* qui pût ſuccéder à ce retour; & nous avons cité, pour le prouver, les Lettres-patentes de 1660, qui portent en termes exprès, que *la ligne de Charles d'Orléans eſt finie par le décès de Louis XII.*

M. de Saint-Michel répond que Louis XII étoit l'*hoir* de Charles, qu'il a ſuccédé à l'*action de retour;* & qu'en montant ſur le Trône il a confondu cette action avec le Domaine de ſa Couronne, de maniere que c'eſt le Trône qui s'eſt trouvé en 1694 l'*hoir* de Charles, habile à profiter du retour.

Quels paradoxes! Quoi, Louis XII a ſuccédé au droit de retour! Il aura réuni au *Trône* un droit éventuel, avant que l'événement dont il dépendoit arrivât! Mais un droit qui n'eſt pas ouvert, qui ne s'ouvrira peut-être jamais, n'exiſte pas; & s'il n'exiſte pas, comment peut-on dire qu'il ſoit acquis à quelqu'un? Le retour dont il s'agit ne devoit s'ouvrir qu'au profit de l'*hoir* vivant, exiſtant, capable de le recueillir à la mort du dernier hoir du Bâtard. Charles n'a pas ſtipulé ce retour au profit de *ſon hoir,* mais au profit de *ſes hoirs,* c'eſt-à-dire pour celui de ſes hoirs qui exiſteroit quand le cas de retour arriveroit. Louis XII n'a donc pas recueilli ce droit; & s'il ne l'a pas recueilli, il ne l'a pas tranſmis à la Couronne. Le *Trône* n'eſt donc pas devenu de ſon chef l'*hoir* de Charles, habile à profiter de ce retour.

Si ce n'eſt pas Louis XII, dit M. de Saint-Michel, *c'eſt Louis XIV qui a recueilli l'action de retour, parce que ce droit étoit un propre, & que Louis XIV a été le plus proche parent lignager de Charles d'Orléans.*

Mais que M. de Saint-Michel ſe concilie avec lui-même. Si le retour a été acquis à la Couronne ſous Louis XII, ce n'eſt pas Louis XIV qui l'a réuni au Domaine de l'Etat ; & ſi c'eſt Louis XIV qui a ſuccédé au retour, Louis XII ne peut y avoir jamais eu de droit. Il faut donc que M. de Saint-Michel opte entre ces deux hypothèſes, qui s'excluent l'une l'autre.

Mais il eſt auſſi facile à M. le Duc de Chevreuſe de répondre à la ſeconde qu'à la première.

Il faut d'abord poſer comme un principe certain que le terme *hoir* ne s'entend proprement que des deſcendans en ligne directe, mais qu'il comprend également les deſcendans par filles, comme les deſcendans par mâles. C'eſt ce qu'atteſtent tous nos auteurs. Nous ne citerons pour abréger que le célebre Dumoulin en ſon Conſeil 1, n. 27.

Verbum HOIR *gallicum, propriè ſignificat non quoſvis hæredes ſed ſanguinis, videlicet deſcendentes tantùm, ſed non minùs fœminas quàm mares, niſi quando qualitas maſculina additur.*

Ainſi, quand Charles d'Orléans a ſtipulé le retour pour lui & *ſes hoirs*, il ne l'a ſtipulé que pour ſes deſcendans, & il a eu en vue ſes deſcendans mâles & femelles. Il eſt même à remarquer que ces termes, *pour lui & ſes hoirs*, ne peuvent préſenter l'idée d'une réverſion féodale, laquelle ſe ſtipule *pour le Seigneur qui inféode & pour ſes ſucceſſeurs.* C'eſt ici un ſimple retour des chofes données, qui ne doit être entendu que fuivant les principes propres à cette réverfion conventionnelle.

Delà il fuit que, pour que Louis XIV eût pu profiter de ce retour, il auroit fallu qu'il fût de la defcendance de Charles d'Orléans, foit par mâles foit par filles. Mais ce feroit ignorer les premiers élémens de l'Hiftoire de la Maifon augufte de France, que de ne pas reconnoître que Louis XIV n'eft ni de la defcendance mafculine, ni de la defcendance féminine de Charles donateur.

Ce fut ce Prince qui déclara lui - même dans fes Lettres - patentes de 1660, que *la ligne de Charles d'Orléans étoit finie par le décès de Louis XII.* Cette ligne étoit en effet entierement finie, du côté des mâles, par le décès de Louis XII, fils & dernier defcendant mâle de Charles d'Orléans ; & fi elle s'eft perpétuée par les filles, tout le monde fait encore, & tous nos Dictionnaires généalogiques l'atteftent, qu'elle ne fut perpétuée que dans les Maifons de Savoie & de Lorraine ; dans celle de Savoie, par les mariages de *Marguerite*, petite-fille de Louis XII, avec Emmanuel - Philibert, Duc de Savoie, & de *Catherine d'Autriche*, avec Charles - Emmanuel, auffi Duc de Savoie ; & dans celle de Lorraine, par le mariage de *Claude*, fille de Henri II, avec Charles II, Duc de Lorraine.

Ainfi en 1694, époque du décès du dernier defcendant mâle du Bâtard d'Orléans, & de la prétendue ouverture du retour, c'eût été *Victor-Amedée-François de Savoie* qui fe feroit trouvé l'*hoir* plus proche de

Charles d'Orléans, & qui à ce titre auroit pu prétendre droit à la réverfion.

Et quand on prétendroit même que, malgré cette reftriction du retour aux *hoirs*, c'eft-à-dire aux defcendans, tous les collatéraux lignagers auroient été habiles à profiter de ce retour ; il eft encore démontré que Louis XIV auroit été exclu par les Ducs de Savoie, qui joignoient & qui joignent encore à leur qualité *d'hoirs*, celle *de lignagers plus proches*.

Cette premiere réponfe fuffiroit pour écarter pleinement la prétention de M. de Saint-Michel. Mais en voici une autre qui fera, s'il eft poffible, encore plus victorieufe, & qui ne laiffera aucune efpece de reffource à M. de Saint-Michel.

· C'eft que, quand on fuppoferoit que Louis XIV eût pu concourir au retour avec la Maifon de Savoie, où même le recueillir feul, comme *hoir* ou comme *lignager* plus proche du donateur, l'action pour exercer ce retour feroit prefcrite par le laps de foixantedouze ans depuis le moment où le retour auroit dû s'ouvrir, & par la poffeffion paifible qu'ont eue depuis ce tems le Prince de Neufchatel, la Ducheffe de Luynes fa fille, & M. le Duc de Chevreufe.

Cela eft inconteftable à l'égard de la Maifon de Savoie. Elle n'auroit aucun titre pour fe défendre de la prefcription. Celle de dix ans eût fuffi à caufe du titre & de la bonne foi. A plus forte raifon feroitelle exclufe par une poffeffion qui eft prefque devenue une poffeffion immémoriale.

Cette prefcription auroit également couru contre l'héritier quelconque du Sang royal qu'on fuppoferoit, contre la certitude des faits, s'être trouvé en 1694 *l'hoir* plus proche de Charles d'Orléans : & quand cet *hoir* plus proche eût été Louis XIV, la prefcription auroit encore couru contre ce Prince, parce qu'il eft de principe que les *échoites* qui peuvent accroître le domaine, n'acquierent le privilege de l'imprefcriptibilité, que quand elles font réunies & incorporées au Domaine.

« Le privilege de l'imprefcriptibilité, dit le favant »Auteur du Traité du Domaine, tom. 3, liv. 12, »chap. 7, n. 16, ne s'étend qu'aux biens qui font partie »du Domaine, & non à ceux qui éhéoient au Roi à »titre d'aubaine, bâtardife, déshérence, ou autrement, »ni aux fruits & émolumens de fon Domaine, comme »les droits feigneuriaux. Tous les Auteurs en con- »viennent ; & s'il fe trouve quelque partage entre »eux fur ce fujet, il ne tombe que fur la durée »que la poffeffion doit avoir pour opérer l'effet »de cette prefcription. *Le Bret* foutient que la pref- »cription ne peut s'accomplir que par 40 années ; »*Chopin* & *Charondas* font du même fentiment pour »les terres acquifes au Roi qui ne font pas encore »unies au Domaine, & fe contentent de 30 années »pour les droits feigneuriaux. *Bacquet* & *d'Argentré* »confondent ces différens cafuels, & foutiennent que »la prefcription s'accomplit également à l'égard des uns »& des autres par 30 ans ».

On peut ajouter que cette maxime, reconnue par tous les Auteurs, eft fondée fur la difpofition même des Ordonnances : elles portent que *le Domaine de la Couronne* n'eft *entendu* que *celui qui eft expreffé-*

ment confacré, uni & incorporé à la Couronne, ou qui a été tenu & adminiſtré par nos Receveurs & Offi-ciers par l'eſpace de 10 ans, & eſt entré en ligne de compte *. Les droits qui peuvent écheoir au Roi comme Seigneur particulier, comme héritier, comme lignager, même comme Souverain, ne peuvent donc acquérir le caractere de Domaine public que par une *union expreſſe au Domaine*, ou par une *adminiſtration de 10 ans :* & juſqu'à ce qu'ils aient acquis de l'une ou l'autre de ces manieres, ce caractere, ils ne peuvent jouir des privileges qui ne font accordés qu'au Do-maine public.

* Edit de 1566.

Ainſi même, en admettant toutes les idées de **M.** de Saint-Michel, même en fuppofant le retour ou-vert ou en faveur de Louis XII, ou en faveur de Louis XIV, ce retour ne feroit qu'une *échoite*, dont le droit fe feroit prefcrit par le laps de tems, & ce ne feroit point un Domaine de la Couronne, puifque le Comté de Dunois n'a été ni *expreſſément uni à la Couronne*, ni *tenu & adminiſtré par les Officiers du Domaine pendant* 10 *ans.*

On pourroit ajouter un dernier moyen qui ne fe-roit pas moins décifif.

On vient de voir que, fuivant Dumoulin, le mot *hoir* doit s'entendre de la defcendance mafculine & féminine. Or la donation de 1439 eſt faite à *Jean Bâtard & à ſes hoirs :* & le retour n'eſt ſtipulé qu'au défaut de ces *hoirs.* Mais il exiſte encore des *hoirs* du Bâtard. Les plus proches de ces *hoirs* avoient même réclamé en 1712 le Comté de Dunois, & ils s'en font défiſtés par une tranfaction en faveur de M^{de} la Ducheſſe de Luynes. Cette vocation des *hoirs* du donataire, & l'exiſtence certaine & actuelle d'un nombre infini de ces *hoirs* deſcendans par filles, fourniroient donc encore une nouvelle cauſe d'excluſion contre tous les *hoirs* du donateur qui peuvent ſe trouver exiſtans. Ils ſeroient exclus du retour, puiſque ce retour n'a été ſtipulé qu'après l'extinction de tous les *hoirs* du donataire. Mais ce moyen n'eſt pas néceſſaire à la défenſe de M. le Duc de Chevreuſe. Tous les *hoirs* du donataire ſe ſont condamnés eux-mêmes en 1712 : & tous les hoirs du donateur ſeroient déclarés aujourd'hui non-recevables, ſoit par la fin de non-recevoir tirée de la preſcription, ſoit par tous les autres moyens qui ſe réuniſſent pour rendre le retour ſans effet.

Enfin M. de Saint-Michel craignant que le *retour* n'échappe au Domaine du chef de Louis XII & du chef de Louis XIV, veut que le Comté de Dunois revienne au moins au Roi, parce que, dit-il, Louis XV *eſt deſcendant par filles de Jean d'Orléans.*

M. de Saint-Michel abandonne ainſi tout ce qu'il avoit ſoutenu d'abord dans ſon *expoſition de la Cauſe.* Il y a dit que *dans un acte d'inféodation, tel que le don de* 1439, *le terme d'hoirs ne pouvoit s'entendre que des mâles.* Maintenant, pour attribuer quelque droit au Roi, il ſoutient que les deſcendans par filles ſont compris dans cette expreſſion. Mais il ne gagnera rien à ce changement de ſyſtême. Car en écartant même ceux des deſcendans femelles qui ont tranſigé en 1712, il reſte encore une foule de deſcendans par filles du Bâtard d'Orléans qui ſeroient hoirs plus proches que le Roi : Charles Emmanuel, Roi de Sardaigne, ſon oncle, l'excluroit encore comme *hoir* & lignager plus proche :

proche : & quand enfin il n'y auroit même aucun *hoir* du Bâtard plus proche que le Roi, le Roi feroit encore exclus par la prefcription qui s'eft écoulée depuis l'ouverture du prétendu retour, foit qu'on la place en 1694, ou en 1707, ou en 1712.

III°.

OBJECTIONS fur le moyen tire de la durée des fubftitutions.

« Le retour, dit M. de Saint-Michel, n'eft point » une fubftitution. Quelquefois la défenfe d'aliéner » produit le fidéicommis tacite, mais il faut que cette » défenfe foit faite en faveur de perfonnes certaines. » Si elle eft générale, collective, & fans défignation » de ceux qui en doivent profiter, elle ne fait pas une » fubftitution. Or ici la défenfe d'aliéner eft générale, » collective, elle ne s'applique à perfonne. Donc il » n'y a pas de fubftitution ». M. de Saint - Michel ajoute qu'il n'entend pas affez la matiere des Fiefs *fubftitutionnels*, pour répondre à ce qui en a été dit pour M. le Duc de Chevreufe.

Nous convenons, avec M. de Saint-Michel, qu'un retour n'eft pas un fidéicommis ; & qu'une défenfe d'aliéner vague, illimitée, fans objet, ne produit pas une fubftitution. Tout cela eft certain.

Il n'eft pas cependant néceffaire que la défenfe d'aliéner foit faite en faveur de perfonnes dénommées, pour qu'elle emporte fubftitution : elle l'emporte, dit Ricard *, *pourvu qu'il paroiffe fuffifamment par les termes de la difpofition en faveur de qui le teftateur a*

* Traité des fubft. part. 1, chap. 7, n° 333.

C

fait la défenfe. Cet Auteur cite nombre de Loix qui le décident ainfi. On peut les vérifier. Nous n'en ajouterons qu'une feule à celles qu'il rapporte, c'eſt la Loi 69, ff. *de leg.* 2, §. 3.

Fratre hærede inſtituto petit nè domus alienaretur, fed ut in familiâ relinqueretur . . . . omnes fideicommiſ-fum petent qui in familiâ fuerunt.

Il faut joindre à ces loix un fecond principe qui n'eſt pas moins certain, & que la Jurifprudence de la Cour a formellement confacré.

C'eſt que toutes les fois qu'une difpofition emporte une fucceffion de perfonnes, & une tranfmiffion de biens des uns aux autres, elle eſt regardée comme fubſtitution, & foumife à toutes les regles des fubſti-tutions.

C'eſt par ce principe que la Cour s'eſt déterminée à adopter les conclufions de M. Joli de Fleury dans la Caufe des créanciers de M. le Duc de Beauvilliers ; contre le tuteur du Comte de Saint-Aignan, & celles de M. le Préfident le Pelletier de Saint-Fargeau dans celle à laquelle a donné lieu le teftament du Comte de Muy, dans lefquelles plaidoit le Défenfeur de M. le Duc de Chevreufe. La Cour fe rappelle encore ces Arrêts récens.

Et fans ce principe auffi, rien ne feroit plus facile que d'éluder les difpofitions des Ordonnances, & de faire, fous des dénominations étrangeres, des fideicommis perpétuels. Le vœu de ces Ordonnances, en reſtrei-gnant les fubſtitutions, eſt que les biens ne foient pas trop long-tems hors du commerce, & que l'ordre na-turel & légitime des fucceffions ne foit pas trop long-tems interrompu. Donc toute diſpoſition qui tend à gêner le commerce & à introduire un ordre de ſuccéder différent de la Loi, eſt une ſubſtitution, ou doit être traitée de même. Qu'on l'appelle retour, convention de ſuccéder, loi ou pacte de famille, toutes ces dénominations ne pourront la ſouſtraire à l'empire des Ordonnances rendues ſur le fait des ſubſtitutions.

Ce fut en conſéquence de ces principes invariables que le Duc de Lauzun fut débouté par Arrêt du 21 Août 1697, rendu ſur les concluſions de M. d'Agueſſeau, de ſa demande à fin d'exécution d'un acte du 7 Février 1460, par lequel *Charles d'Albret* avoit donné la Terre de Verteuil à *Aimeric de Caumont, & à tous ſes fils & deſcendans mâles, à la charge de ne pouvoir l'aliéner, & de la tenir en foi & hommage, reſſort & ſouveraineté des Seigneurs d'Albret.*

On trouve dans le quatrieme Tome des Œuvres de M. d'Agueſſeau, le beau Plaidoyer qu'il fit dans cette Cauſe. Il vit, dans les termes que nous venons de rapporter, *un retour conventionnel tacite en faveur du Donateur;* dans la prohibition d'aliéner, *une vraie ſubſtitution;* dans tout l'acte enfin, *un fief ſubſtitutionnel.* Il conclut qu'on n'avoit pu faire ni un fief qui ne fût pas diſponible & patrimonial, ni un fideicommis qui s'étendît au-delà des degrés de l'Ordonnance.

Ces autorités & ces principes doivent achever de diſſiper les nuages que M. de Saint-Michel affecte de répandre ſur cette Cauſe.

1°. Le retour, ſans doute, en général n'eſt pas une ſubſtitution. Mais quand il eſt joint à une défenſe d'aliéner, quand il introduit un ordre de ſuccéder, quand il produit une tranfmiffion de la chofe donnée entre les mains de plufieurs poffeffeurs, il dégenere en vrai fideicommis, & il devient fufceptible de la reftriction des degrés.

2°. La défenfe d'aliéner n'eft ici ni vague ni incertaine. Elle a un objet clair & précis. Elle a été faite pour perpétuer dans la défcendance du donataire, la chofe donnée, & pour en affurer le retour au Donateur & à fes hoirs. *Les termes feuls de la difpofition prouvent, comme le dit Ricard, en faveur de qui le teftateur a fait la défenfe.*

3°. Enfin, M. de Saint-Michel veut que l'acte de 1439 foit *un acte d'inféodation.* Si cela eft, on a donc voulu, dans cet acte, faire du Comté de Dunois un fief *ex pacto & providentiâ,* un fief *fubftitutionnel.* Mais on ne le pouvoit pas. Mais la Loi générale des fiefs y étoit contraire. Mais, comme le dit M. d'Agueffeau dans la Caufe de Lauzun, *on n'a pas pu, par une donation déguifée fous le titre d'inféodation, éluder les difpofitions des Ordonnances.*

Comment M. de Saint-Michel peut-il refufer de fe rendre à des vérités fi évidentes?

Il eût dû fuffire d'écarter fa prétention par les fins de non-recevoir, qui s'élevent en foule contre lui; & c'eft réunir trop de moyens contre un tel Adverfaire, que d'avoir prouvé que le Défenfeur même du Domaine ne feroit ni fondé ni recevable à réclamer un droit de retour qui ne s'eft jamais ouvert, & qui même n'a jamais pu s'ouvrir au profit de la Couronne.

Me GERBIER, Avocat.

De l'Imprimerie de L. CELLOT, rue Dauphine.

que d'après une copie informe & illégale ; ne doutant
pas cependant de son existence, je l'annonçai dans mes
exceptions communiquées à M. Thiroux aux Requêtes
du Palais. Mais arrivé ensuite à Blois pour y prêter ma
foi & hommage, je fus surpris de ne point le trouver
dans les registres de la Chambre, non plus que les
Lettres Patentes qui paroissent l'avoir suivi. Comment
donc pouvois-je présenter à cette Chambre une copie
informe de cet acte, sur laquelle elle n'auroit pu asseoir
aucun Jugement ? Acte que je n'ai même encore pu
trouver dans aucun dépôt public, & dont je n'ai connu
l'existence légale que depuis que M. le Duc de Che-
vreuse m'en a communiqué l'original. Les Lettres
Patentes qui l'ont suivi ne sont d'ailleurs enregistrées
dans aucun Tribunal.

Comment M. Thiroux se respecte-t-il assez peu
lui-même pour m'imputer aussi d'avoir exposé dans la
Requête que j'ai présentée à la Chambre des Comptes
de Blois, des faits (dit-il) *absolument faux* ; & comment parmi ces faits prétendus faux, se permet-il de
n'en rapporter qu'un seul en me privant des moyens de
répondre aux autres ? Mais son choix dans celui qu'il
rapporte a-t-il été heureux ? Il est facile d'en juger. J'ai
dit dans ma Requête que le Roi Louis XIV étoit en
1707 l'hoir le plus proche de Charles Duc d'Orléans,
qui a donné le Comté de Dunois sous clause de réver-
sion à ses hoirs. M. Thiroux nie en général que Louis
XIV ait été du nombre de ces hoirs. Mais ignore-
t-il donc les élémens de notre histoire ? Saint Louis
n'a-t-il pas été le pere commun de la Maison d'Or-

léans & de celle de Bourbon ? La Maison d'Orléans,
qui eft montée fur le Trône, étant éteinte, quelle
autre que celle de Bourbon a pu lui fuccéder ?

Je laiffe à mon Défenfeur le foin de répondre aux
moyens qu'emploie M. Thiroux pour foutenir le fond
de fa Caufe ; j'obferve feulement, & d'après Dumoulin
même qu'il cite, que le droit de retrait féodal eft effen-
tiellement attaché à la propriété du Fief, pour raifon
duquel on exerce ce droit.

Je crois avoir fuffifamment détruit les imputations
que m'a faites M. Thiroux : il ne refte qu'un feul point
fur lequel j'avoue que je fuis au dépourvu, c'eft d'avoir
exercé fa *patience.*

Je paffe aux griefs que M. le Duc de Chevreufe m'a
imputés à l'Audience. On a dit que je fuis tombé en
contradiction avec moi-même, en expofant dans mon
précédent Mémoire, qu'on m'avoit donné des affurances
que le retrait n'auroit pas lieu, & que cependant j'ai
écrit à M. le Cardinal de Luynes que je craignois le
retrait ; mais mon Mémoire s'accorde parfaitement
avec ma lettre. Il eft certain, & je le dis encore, qu'on
m'a donné des affurances que ma Terre ne convenoit
point a M. le Duc de Chevreufe ; il eft certain que ces
affurances m'avoient infpiré la plus grande confiance :
mais plus cette confiance étoit grande, plus elle devoit
éloigner de mon efprit le foupçon de la ceffibilité du
retrait ; procédé d'ailleurs trop dur & trop fingulier
pour que j'aie pu l'imaginer. Cependant après toutes
les longueurs qu'on m'avoit fait éprouver, pouvois-je
refter dans cette fécurité ? Dix mois s'étoient écoulés de-

puis l'acquifition de ma Terre, & on n'avoit encore rien terminé fur la liquidation des droits de rachat. Je fis part de mes inquiétudes ; on me fit envifager qu'il étoit poffible qu'on voulût faire ufage de la ceffion du retrait. Cet avis m'ouvrit les yeux : je fus auffi-tôt chez l'Intendant pour m'en expliquer. Il voulut me laiffer dans l'indécifion, & me dit, *j'ignore les intentions de M. le Duc à ce fujet.* Cette réponfe me frappa ; je penfai dès-lors à employer les moyens les plus efficaces pour me garantir. En conféquence j'écrivis auffi-tôt à M. le Cardinal de Luynes (c'étoit le 28 Janvier 1766). Qu'on examine ma lettre, on verra que je n'avois d'autre objet que de me garantir de la ceffibilité du retrait. Elle rend en peu de mors un compte exact des faits que je viens de rapporter. *Son Intendant m'affure que ma Terre ne feroit pas de fa convenance.* J'ajoutois qu'une feule chofe pourroit calmer mes inquiétudes, *c'eft que M. le Duc voulût bien m'accorder la grace de ne point céder fon droit de rétention à autrui, & qu'il plût à fon Eminence de l'y engager.*

Ce fut dans la même vue, de me garantir de la ceffibilité, que dans le même tems je fis parler à M. le Duc de Chevreufe par M. le Marquis de *** fon parent. Voici la réponfe que ce dernier fit à un ami commun, en date du 2 Février fuivant.

« Pouvez-vous imaginer, mon cher.... que je fois »capable de vous oublier ? D'ailleurs M. le Préfident »de Saint-Michel eft fi refpectable par lui-même, qu'il »ne le faudroit pas connoître pour ne pas s'intéreffer »pour lui. Je n'ai pas vu M. le Duc de Chevreufe

» depuis Mardi qu'il eft parti pour Marly. Je lui parlai
» fortement de l'affaire de M. le Préfident avant fon
» départ. Il ne fonge point à retirer féodalement, &
» *me parut même étonné qu'on le crût capable de céder*
» *fon droit de retrait à qui que ce foit* contre une per-
» fonne auffi refpectable ; cependant je n'ai point eu de
» parole pofitive, attendu une affaire des plus impor-
» tantes qui le tenoit en échec pour le moment préfent.
» Comme il retourne à Marly après la cérémonie d'au-
» jourd'hui, je vais lui écrire pour le prier de tirer M.
» le Préfident d'une inquiétude qui ne peut être fixée
» que par fa parole. Je ne fais pas de doute de la réuffite
» de cette affaire ».

Cependant, malgré toute la confiance que m'avoit
infpirée cette lettre, il s'élevoit encore des foupçons dans
mon efprit, & j'avois befoin d'être raffermi par une
parole pofitive. J'allois en conféquence faire ufage de
nouveaux moyens, lorfque dans le même tems mes
inquiétudes furent tout à coup diffipées par la demande
que l'Intendant fit à mon Procureur de mon contrat
d'achat & d'un acte de partage de l'année 1612, par un
billet dont voici le contenu.

» M. Ifnard prie M. le Sénéchal de vouloir bien
» écrire à Chateaudun, à M. Pithon, de lui envoyer
» le partage de 1612 devant M. Michault Confeiller
» des terres de Droué & de Montigny, & le contrat
» d'acquifition de M. le Préfident de S. Michel, parce
» que fans ces deux pieces il ne peut point liquider les
» droits de rachat dus à M. le Duc de Chevreufe. Auffi-
» tôt que M. le Sénéchal aura eu la bonté de les lui
» faire remettre, il finira cet objet ».

En conféquence de ce billet, mon Procureur remit aufli-tôt mon contrat d'achat, qui ne lui a été rendu que quelques jours après la fignification du retrait; d'où il réfulte que l'Intendant l'a gardé environ trois mois. Quant à l'acte de partage de 1612, mon Procureur répondit qu'il étoit entre mes mains; l'Intendant m'envoya fon Commis pour me le demander. Ce Commis parla à mon fils en mon abfence; il l'affura de la part de l'Intendant, fans être interrogé là-deffus, que la liquidation alloit être inceffamment terminée; que je pouvois être abfolument tranquille; qu'il n'étoit aucunement queftion d'exercer le retrait ni de le céder. Je me hâtai de faire remettre la copie du partage qu'on me demandoit.

Enfin M. le Duc de Chevreufe me fait un crime d'avoir voulu me prêter à des moyens qui euffent fecondé fes intérêts & les miens. Il m'impute d'avoir voulu par-là bleffer ceux du Roi. Devois-je m'attendre à ce reproche? Ce que j'ai à répondre, eft que fi mes Supérieurs me demandoient compte de ma conduite à ce fujet, ils comprendroient facilement que ce qui m'a été permis de faire, comme particulier, n'eft point incompatible à ce que mon devoir exige, lorfque mes fonctions m'appellent au Tribunal que j'ai l'honneur de préfider.

Voilà les faits tels qu'ils fe font paffés; c'eft en les confondant & en les mettant hors de leur place qu'on a voulu me faire tomber en contradiction avec moi-même; mais je fuis opprimé, j'éprouve un événement auffi fâcheux pour moi, qu'extraordinaire & fingulier en lui-même. Il falloit bien me trouver des torts. *Signé*, SAINT-MICHEL.

LEVASSEUR.
NIVERD.

LE SENESCHAL, Procureur.

De l'Imprimerie de L. CELLOT, rue Dauphine. 1767.